LES BALS D'HIVER.

PARIS MASQUÉ.

SOMMAIRE.

Introduction. — Paris l'hiver. — Les Colonnes-Affiches. — Soirées musicales et dansantes. — Le bal Valentino. — Le Prado. — Le père Bullier. — M. Pilodo. — Les Femmes du monde. — Amélina Ninette. — La Bacchanale. — Le Salon de Mars. — Héloïse Pavillon. — Le Bal de l'Opéra. — Histoire. — Population. — Musard. — Triomphe de Musard. — Les Nourrissons. — Pochardinette. — Biographie de Musard. — Géographie. — Le Foyer. — L'Horloge. — Les Couloirs. — M. Hyacinthe. — M. Thibaudeau. — La Salle. L'armoire. — Portrait de Mogador. — Ruses de femme. — La fin du Bal. — Le Souper. — Le café Vachette. — Le père Aubry. — La Morale de Tacite.

PARIS. — IMPRIMÉ PAR E. BRIÈRE, RUE SAINTE-ANNE, 55.

Jardin d'hiver.

LES BALS D'HIVER.

PARIS MASQUÉ.

PAR
AUGUSTE VITU.

50 Illustrations par E. de Beaumont, H. Emy et J. Montjoye.

PARIS,
CHEZ P. MARTINON, ÉDITEUR,
RUE DU COQ-SAINT-HONORÉ, 4.

1848

LES BALS D'HIVER.

PARIS MASQUÉ.

INTRODUCTION.

Il y a six mois, nous avons esquissé l'histoire de Paris l'été, et nous en sommes à nous demander si nous n'avons pas fait un pas de clerc. Comme si Paris et l'hiver pouvaient se séparer !

Paris n'est chez lui que depuis le le 15 octobre jusqu'à la fin de mai. Cette époque passée, je vous dirai bien où est Paris ; il est aux eaux, il est à la campagne, il est à Baden, il est à Spa, il est à Londres, il est à Naples, à Enghien, à Maisons-Laffitte, à Dieppe, à Chantilly ; mais du boulevard de la Madeleine jusqu'aux premières collines de la ville Bréda n'allez pas demander Paris ; on vous dirait : « il vient de sortir et ne rentrera pas » avant six mois d'ici. »

Heureusement l'heure des frimas est venue ; Paris a froid ; il revient ; il met son paletot et ses

gants de castor ; Musard frotte son archet de

l'air d'un matamore qui fourbit son épée avant de tuer son homme ; les boulevards s'allument ; les marchands, qu'a réjouis le jour de l'an, perpétuent les déceptions de leurs étalages fallacieux. On marche, on court, on se presse, on se reconnaît. L'hiver à Paris, ce grand bal, ce raoût immense et féerique, déroule ses splendeurs.

Il est temps de prendre la plume, et, fidèle historien, de suivre Paris partout où il a coutume d'aller. Et, à vrai dire, pourrions-nous intituler ceci Paris la nuit ; car notre Paris, le Paris de la joie, de la bohême et de la poésie, notre Paris ne vit guère le jour, et la vraie vie ne commence pour lui qu'au lever de l'étoile du berger, je veux dire à l'heure où l'on allume le gaz.

Oui, la neige est venue et la tempête. Pour moi, pour mon Paris, voilà la belle saison. Que me parlez-vous d'arbres, de verdure, de collines ombragées et de ruisseau limpide ! Le vrai paysage, c'est un salon reflétant dans les mille glaces de ses panneaux mille belles femmes en costumes d'hiver, splendidement coiffées par l'illustre Mariton et déshabillées par Palmyre.

Le vrai soleil, c'est le lustre de l'Opéra; le vrai ruisseau, c'est le ruisseau de la rue St-Honoré, le ruisseau de Mᵐᵉ de Staël.

Allons, monsieur, prenez votre coachman, votre stick et votre chapeau, votre lorgnon surtout, c'est un meuble important. Suivez-moi, la course n'est pas longue, jusqu'au boulevard tout au plus.

Je vais vous montrer le vrai livre, la Bible, le Moniteur Universel, où se découvre la vraie science, celle qui fait de l'homme non pas un philanthrope, non pas un philologue, non pas un philhellène, non pas un pair de France, mais un parisien.

Et voyez-vous là-bas ce monument tiré à quinze cents exemplaires? Il n'est pas beau, il n'est pas riche, du plâtre en rond avec un grosse boule par dessus; c'est la colonne rostrale que nos édiles ont multipliée dans Paris comme autant d'autels à la pudeur. C'est là que le parisien vient s'instruire, car c'e' là seulement qu'on peut déposer les affiches; et l'affiche, c'est la vie, la nourriture, le chyme et le chyle du parisien. Une feuille industrielle obtint un succès de vogue parce qu'elle avait eu l'ingénieuse idée de reproduire en petit les affiches de tous les jours.

Lisez un peu ces affiches variées : les théâtres, royaux ou non, peu importe, on dit que l'O- déon (!) est un théâtre royal);
Le bal de l'Opéra;
Le Prado; la Salle Valentino; le Wauxhall;
la salle d'Antin; le salon de Mars; le Bal de la Picarde...

Si nous voulions tout lire !

Le cadre est large, et nous serons forcés de le remplir à grands coups de pinceaux.

LES BALS D'HIVER.

Le bal, le bal vulgaire, ce qu'on appelait la guinguette, du temps que les grandes dames daignaient s'y montrer déguisées, a trouvé tout dernièrement que son nom était mesquin et malséant. Le bal Valentino, le bal du Prado, le bal d'Antin se sont transformés en soirées musicales et dansantes.

O rage de l'euphémisme!

Le nombre de ces lieux consacrés à la joie effraie l'imagination. Nous en avons nommé trois; ajoutez-y le Wauxhall, l'Ermitage d'Hiver, le Salon de la Picarde, le Salon de Mars, et les bals spéciaux, tels que le bal des Nègres, le bal des Modèles, à la barrière des Accacias, le bal des Garde-Municipaux, le bal des Tailleurs et les établissemens innommés qui pullulent aux barrières de Paris, à peine aurez-vous une nomenclature exacte.

Il serait puéril de chercher à les décrire tous, et nous nous arrêterons, sinon aux plus connus, du moins aux plus caractéristiques; à l'inverse des enfans gourmands, je mange mon pain bis le premier et je réserve pour la bonne bouche mes petits pains au lait, je veux dire le bal masqué de l'Opéra.

J'ai bien envie de sauter à pieds joints par dessus le bal Valentino; est-ce par paresse ou par conviction?

Ce n'est pas bien joli, le bal Valentino ; une vaste salle coupée en mille morceaux par un forêt de vilains petits piliers, une Russie où l'on a chaud à gauche, où l'on gèle par la droite, et un public... Quel public !

Exactement celui de Mabille et du Ranelagh pendant l'été ; mais il n'est si médiocre tableau qu'un beau cadre n'embellisse un peu. Au mois d'août, par les tièdes brises, au milieu des arbres verdoyans, sous le feu des étoiles mille fois plus brillantes que les candélabres et les girandoles, ces femmes légères, en robes légères, ces messieurs en pantalons jaunes et en gants blancs empruntent quelque chose de la poésie qui les entoure. Ces danses désordonnées déplaisent moins parce qu'elles semblent animées d'une joie sincère. Le grand air fait un doux murmure de ces mille bruits discordans et adoucit les farouches accens du cornet à piston.

Donnez un coup de baguette, les étoiles s'éteignent, le gaz les remplace : la brise devient la bise, les massifs verts et les bosquets mystérieux se transforment en tristes murailles tristement décorées par des peintres de cabaret. L'orchestre mutiné chante des romances boiteuses. Plus de doux murmures, un tapage infernal ; ces femmes, naguère parées des charmes de la jeunesse et de l'éclat du printemps, ont une couche de fard sur la joue ; leurs pieds de fées sont maculés de boue ; leurs gencives dévastées réclament à grands cris l'assistance des osanores de Williams Rogers, Misère !

Nous sommes en hiver, nous sommes au bal Valentino.

Sortons. Mieux valent le froid et le trottoir humide que ce plancher sali et cet atmosphère chargé de miasmes ; j'aime mieux les voitures qui passent rapides sur le pavé, que ce trombone égaré et ce violoncelle aux abois. La lanterne que le vent fait sauter et grincer sur la corde a des évolutions plus capricieuses et plus gaies que ces couples hébétés dansant d'un air lugubre l'insipide rédowa.

J'ai déjà parcouru trois longueurs de quai, et franchi je ne sais combien de ponts. Voici le Palais-de-Justice qui dort, et le Quai-aux-Fleurs vide et désert. Voici le Prado, dont la façade éclairée s'étale philosophiquement au-dessus d'un commissionnaire au Mont-de-Piété. Ce n'est pas un contraste, c'est une déduction.

LE PRADO.

tu veux m'y suivre, ami lecteur, boutonne ton paletot pour cacher ton gilet blanc. Quoiqu'en dise l'affiche, une mise décente n'est pas du tout de rigueur. Sois bien mis si tu veux, couvert si tu peux, on ne t'en demande pas davantage. C'est ici le quartier-général des étudians.

Dans ces dernières années, on a cherché à faire

courir le bruit qu'il n'y avait plus d'étudians.
Allez voir au Prado !

Cette manière de paradoxe n'est pas très-neuve ; les mêmes personnes ont soutenu qu'il n'y avait plus de bourgeois, qu'il n'y avait plus de grisettes, et que désormais la grande dame était un mythe, comme le grand seigneur. On en conclurait qu'il n'y a plus rien, ce qui est fort contestable en soi.

L'étudiant existe, fort et vivace, avec ses cheveux longs, bien plus longs que sa pipe, ses coiffures aussi variées que les perruques de M. de Sartines, depuis la casquette du *bursche* d'Outre-Rhin jusqu'au béret du Basque et au tarbousch écarlate des Turcs civilisés. Il est ce qu'il fut toujours étourdi, bruyant, débraillé, ami des cris et des tumultes ; mais derrière ce masque un peu farouche, il n'est pas rare de trouver une âme généreuse et une vive intelligence.

L'esprit des Ecoles, comme tout esprit de corps, a cela de bon qu'il ne dure guère plus qu'une fièvre un peu longue ; on est à la fois étudiant, tapageur et réformiste ; l'âge emporte tout cela, et les Robespierre de l'Ecole de droit deviennent par la suite des temps bons époux, bons pères, bons citoyens, et quelquefois substituts par-dessus le marché.

Au surplus, cette jeunesse s'ennuie ; il faut l'excuser de s'amuser si fort.

Donc, au Prado, vous trouverez beaucoup d'étudians et très-peu de gants jaunes. Le Prado, comme spéculation, a ceci d'excellent qu'il est constamment plein ; les grandes toilettes n'y courraient d'autre chance que d'être horriblement froissées ; il n'y a pas là à faire la roue, le plus petit paon n'y trouverait pas de place pour déployer sa queue. Il faut donc ne pas le connaître pour y aller une première fois et s'y être amusé pour y retourner. Beaucoup de gens y retournent.

C'est un grand bal de famille ; tout le monde se connaît, et au besoin tout le monde s'embrasse, sous l'œil paternel de M. Bullier, propriétaire et directeur du bal.

M. Bullier est gros et gras, joyeux et bon vivant, à la bouche souriante, à l'œil fin, le vrai père de cette famille d'enfans terribles. Il y a du patriarche chez M. Bullier, que les indigènes appellent familièrement le père Bullier. Tout le monde le connaît, tout le monde le salue, lui serre la main, prend une prise dans sa tabatière et l'invite à quelque libation. S'élève-t-il une querelle, M. Bullier  arrive en traînant un peu la jambe que Waterloo lui a mutilée. Pareil à Neptune, il lance le fameux *Quos ego!...* et soudain l'émeute s'apaise, et les flots mutinés se balancent sur un air de

Contraste insuffisant
NF Z 43-120-14

barcarolle, comme la mer discrète et bien élevée de l'Académie royale de musique.

Le Prado est taillé dans l'ancienne salle de la Cité, petit théâtre fort connu du temps de la République. Mais les architectes ont coupé cette salle en de si étranges segmens, ils en ont détaché des tranches si singulières, marquées par des cloisons  tellement illogiques, qu'il est impossible aujourd'hui de deviner où fut la salle, où fut la scène du théâtre de la Cité. Une galerie et une rotonde sont consacrées à la danse, sous l'invocation de saint Pilodo, dont nous reproduisons ici l'effigie bien connue.

La rotonde et deux petits salons adjacens réunissent l'élite de la jeunesse dansante, et on les désigne par le nom passablement ironique de la *Chaussée-d'Antin*. Par de là et par-dessous sont les buvettes, la partie la plus utile, je dirai même la plus essentielle du Prado. On y boit de tout, et surtout de la bière; tant de bière, tant de bière, qu'on se croirait en pleine Ecosse, et ce ne serait pas sans raison. Rien de plus écossais que la phy-

sionomie de cette contrée. Je vais citer sérieusement un trait de mœurs d'étudians qui me paraît fort beau, et propre à les réconcilier avec les Philistins, leurs ennemis.

Qu'y a-t-il de plus triste au monde que de danser, d'avoir très-soif, sans avoir un sou dans son gousset? Quelques étudians, hommes pratiques et véritablement philanthropes, les chefs de clan du quartier latin, ont pleuré sur ces infortunes, et ont juré de les secourir.

Dès le commencement de la *soirée dansante*, quatre tables de chêne sont chargées par les soins des garçons, de choppes aux mille facettes et de *moss* écumans. C'est la table du terrible Bahut, du vaillant Trompe-la-Soif, et du redoutable Moulin-à-Eau, — noms de guerre.

Quiconque a l'honneur de connaître l'un de ces messieurs, peut s'approcher sans crainte de cette cène au houblon, et étancher largement sa soif sans bourse délier, rien qu'en demandant au garçon :

— La table de M. Bahut !

Il y a quelque chose d'homérique dans cette hospitalité; et, en vérité, monsieur Bahut et ses amis ont quelque chose de ces héros de l'Iliade, grands joûteurs, grands buveurs, et magnanimes guerriers, qui tuaient un bœuf d'un coup de poing, et le mangeaient d'une bouchée.

Parmi les dames qui fréquentent le Prado, il

faut faire deux catégories : celle des *femmes du monde*, venues pour voir, et *pour observer*, disent

les bas-bleus ; les autres sont de joyeuses créatures qui prennent leur plaisir comme elles le trouvent, et nous ne le leur disputerons pas.

Les femmes du Prado sont trop jeunes pour être célèbres, à moins qu'elles ne soient comme Guanhumara, citées pour leur grand âge. L'illustration commence de l'autre côté de la Seine ; mais peu d'entre elles ont le pied assez sûr pour franchir le Pont-au-Change ; pourtant Mogador et Pomaré étaient parties de là.

Aujourd'hui, nous ne trouvons à citer qu'une jeune femme assez gentille, qui s'appelle, selon son dire : *Amélina Ninette, engagée à Constan-*

tinople; on n'a jamais su pourquoi faire.

Comme l'hiver est venu, le Prado donne des bals masqués dans la nuit de chaque mardi. Ces nuits là sont terribles ; ce qui s'y mange de jambon, ce qui s'y boit de bière, suffirait à nourrir la garde municipale de Paris ; elles se terminent d'ordinaire par une mêlée infernale, par un tohu-bohu de jambes enlevées, de chapeaux écrasés, de choppes brisées, de cris terribles et de rires sonores, toujours comme dans l'Iliade, et un peu comme dans le Paradis Perdu de Milton, si nous prenons comme point de comparaison le nombre des anges déchus.

LE SALON DE MARS.

'AI dit un soir à un cocher de cabriolet de me conduire au Salon de Mars. Ce bal est situé entre la rue de la Chaise et la caserne de Babylone. C'est à deux pas.

Arrivé au n° 75 de la rue du Bac, j'ai lu sur une lanterne : BAL ; et j'ai commencé à gravir un petit escalier ; le Salon do Mars est situé au deuxième au-dessus de l'entresol. C'est un véritable salon, et comme il ne s'y joint ni salle à manger, ni chambre à coucher, ni cuisine, cela coûte à peu près cent écus de loyer par an.

Les mœurs et la propreté y sont à l'ordre du jour. On lit au-dessus de la porte principale : *On ne fume pas dans le Salon.*

A chaque bout du salon il y a une soupente dans laquelle on fume et l'on boit. La soupente du fond sert aussi à usage d'orchestre ; et c'est de là que le célèbre M. Laroulandie verse des torrens d'harmonie sur ses admirateurs.

Pourquoi ces petits bals n'adoptent-ils pas, au lieu de leur orchestre de rencontre, l'orgue mélodium, cet instrument magique qui, sous les mains habiles de MM. Alexandre père et fils, est devenu un orchestre tout entier?

On m'a beaucoup parlé d'une certaine Hé-loïse Pavillon, qui est à peu près la reine de ces lieux ; mais je ne l'ai point vue ; je me borne à donner ici son portrait, qu'un jeune peintre qui va faire tous les soirs des rondes-bosses du salon de Mars a bien voulu m'esquisser dans l'intervalle de deux contre danses.

J'ai gagné là un accès de spleen qui a duré quinze jours.

LE BAL DE L'OPÉRA.

Comme à notre époque tout problème se résout par des chiffres, apprécions la haute importance des bals de l'Opéra par leur résultat financier.

Cette entreprise produit environ 250,000 francs de recette annuelle; le prix fort de dix francs n'étant en réalité que de cinq, grâce à l'intermédiaire des courtiers de Therpsychore, plus connus sous le nom de marchands de billets, la somme ci-dessus est le prix de la joie que cinquante mille personnes se proposaient de ressentir.

Cinquante mille personnes ! c'est la moitié de la population de Bordeaux.

Deux cent cinquante mille francs ! ce serait un paragraphe du budget.

Parlons donc des bals de l'Opéra avec révérence et circonspection.

Histoire.

e bal de l'Opéra fut fondé à une époque que nous ne pouvons pas préciser, mais qui est suffisamment reculée.

Il n'est pas né d'hier, c'est un bal noble.

Longtemps on n'y fut admis qu'en domino; on n'y dansait point, mais on causait, et l'on ne manquait jamais d'avoir beaucoup d'esprit; c'est du moins ce que disent les réclames du temps, et ce que répètent les beaux jadis beaux, aujourd'hui laids, qui sont par leur âge et par leurs souvenirs *laudatores temporis acti*.

Il était décent de ne se point amuser : ce fut le règne de l'intrigue.

C'est au bal de l'Opéra que se nouaient et se dénouaient quelques liaisons dangereuses que les femmes du monde affichaient avec mystère, afin de faire penser qu'elles étaient sages le reste de l'année.

Ce temps magnifique s'en est allé avec l'avant-dernière dynastie.

La mode a passé de s'ennuyer en public. Cependant, cet ennui se produisait avec une solennité qui avait son côté drôle.

Désormais on s'ennuie chez soi, d'où il suit qu'on va s'amuser dehors.

Population.

ÈGLE générale, chaque bal amène dans la salle de l'Académie royale de Musique sept ou huit mille personnes, soit quatre mille cinq cents femmes et trois mille cinq cents hommes.

Si l'on dressait des tableaux statistiques comme les fait si bien le docteur Villermé, on trou-

verait dans ce nombre un tiers de désœuvrés
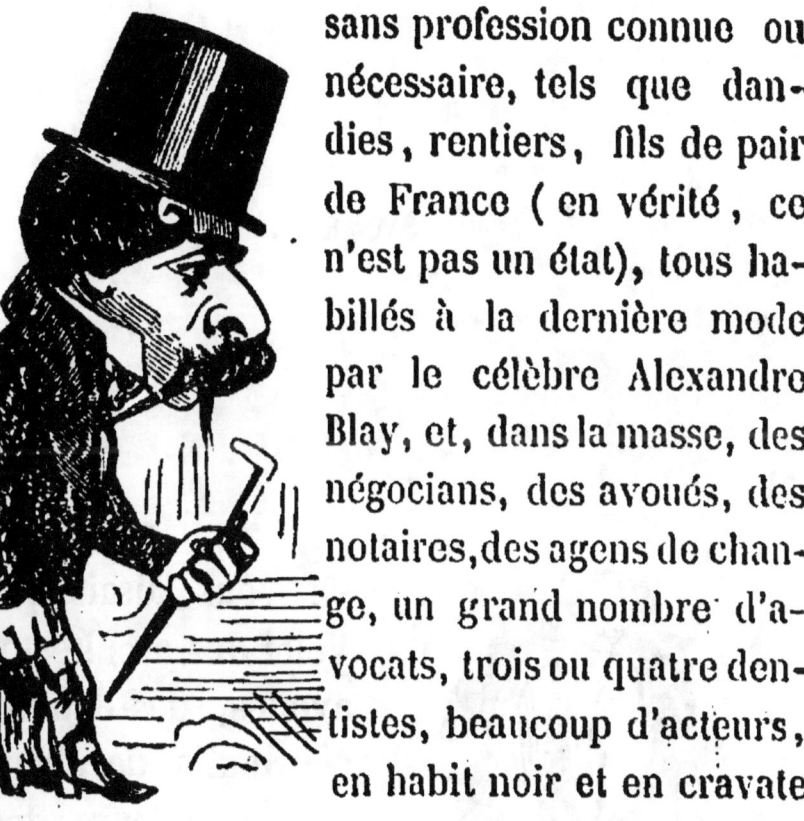
sans profession connue ou nécessaire, tels que dandies, rentiers, fils de pair de France (en vérité, ce n'est pas un état), tous habillés à la dernière mode par le célèbre Alexandre Blay, et, dans la masse, des négocians, des avoués, des notaires, des agens de change, un grand nombre d'avocats, trois ou quatre dentistes, beaucoup d'acteurs, en habit noir et en cravate blanche.

Si vous les rencontriez dans ce costume à midi, vous croiriez qu'ils vont suivre un enterrement. Mais il est minuit, et s'ils enterrent quelque chose, ce sera probablement la gaîté française.

Mais attendez un peu.

Musard.

ue vous disais-je donc ? Voici des architectes, des avoués, des dandies, des courtauds de boutique, des rémouleurs, des dentistes et des généraux en retraite, au nombre de trois mille cinq cents, réunis à un nombre au moins équivalent de femmes sans profession.

Toutes les femmes sont sans profession.

Que voulez-vous que tout ce monde pense ? Que voulez-vous qu'il dise ? Que voulez-vous qu'il fasse ?

Ne semble-t-il pas voir toutes les pièces d'un échiquier, jetées pêle-mêle et brouillés sous la patte d'un chat malicieux ?

Mais un homme se lève.

Il n'est pas beau, et cependant tous les yeux se tournent vers lui, toutes les oreilles l'implorent, toutes les bouches s'ouvrent pour laisser passer un immense bravo.

Il n'est vêtu que d'un simple habit noir, et pour sceptre il est armé d'un petit bâton qui n'a rien de commun avec le bâton de maréchal de France.

Il lève le bras droit, et donne un signal cabalistique compris des seuls fidèles.

Une vaste harmonie fait retentir les airs. Tous les cœurs se dilatent, les visages s'épanouissent, les jambes se lèvent et retombent en cadence, les bras suivent les jambes et le corps suit le tout.

C'est l'enchanteur qui vient d'animer ces images vaines : c'est le Philidor qui vient de relever méthodiquement les pièces de l'échiquier bouleversé, et dont les doctes doigts leur impriment une marche savante.

Cet homme, vous l'avez deviné sans doute ; cet homme, c'est Musard.

Musard et son orchestre, deux phénomènes dans l'ordre musical : l'un est l'homme, l'autre est le coursier, et ils font à eux deux un admirable Centaure.

Voyez, l'air est doux et la mélodie suave ; Musard se penche sur son orchestre, il le flatte avec la main, il le caresse de son sourire et lui chantonne le motif avec toutes sortes de joyeuses vocalises. Mais voici venir le terrible allegro. Le Centaure galope avec la foule : hop! hop! le violon; hop! hop! le trombone; boum! boum! la grosse caisse; boum! les timbales; dzing! les cymbales.

Musard galope aussi. Sa poitrine se soulève, ses joues se colorent; ses bras s'étendent, sa bouche s'entr'ouvre; toute sa personne crie : Hop! hop! allez, coursier sonore! et battez vos flancs de cuivre avec le crin ardent de votre queue de chanterelles!

Poëtes, allez voir Musard. Il est à lui seul le plus beau des poèmes : c'est un poème vivant.

Vers trois heures du matin, quand les visages s'allument, quand les cœurs sont joyeux et les jambes dégourdies sans être encore fatiguées, quand les âmes sont dilatées par la musique, qui, selon les philosophes, est le mobile des belles actions (et je vous prie de remarquer que ces philosophes n'avaient qu'une très-vague idée de la musique de Musard), un immense hurrah s'élève à la fin de chaque figure du quadrille.

Chaque saison a ses quadrilles en vogue. Cette année, on donne la palme au quadrille d'*Haydée* et à la *polka d'Auvergne*.

Mais quand le formidable orchestre a mugi la dernière note du galop, une étincelle électrique se propage dans la foule ; tous les bras s'étendent vers Musard comme vers un Dieu. On l'appelle, on le clame, on voudrait l'embrasser.

Tout à coup, par un élan sympathique, les plus

intrépides et les plus forts franchissent la mince

balustrade de l'orchestre. *Vive Musard! Musard en triomphe! Musard for ever!*, crie la multitude, et Musard, malgré sa résistance, glisse entre les mains de vigoureux gaillards. On le saisit, qui par une jambe, qui par l'autre, celui-ci par l'épaule et celui-là par le collet. Ils tiennent leur Musard, et le cortége en met en marche.

C'est d'abord l'élite de la mascarade, les braves à trois poils, les débardeurs aux cadenettes poudrées. Voici le corps des pierrots blancs, bleus et rouges, qui jettent leurs bonnets en défi vers le lustre, et qui se lanceraient volontiers à la suite

de leurs bonnets ; puis les jolis nourrissons, auss appétissans que de grosses nourrices, qui sucent en manière de biberon Darbo un sucre de pomme première classe, prix quarante francs, moins cher qu'au bureau.

Dénombrerai-je, à la façon du vieil Homère, toutes ces légions bizarres ? Les chicards, dont la crinière horrible craint le peigne et la bandoline (les coiffeurs disent *le* bandoline; mais qu'importe?); les pirates, charmans flibustiers armés de beaux yeux flamboyans, plus redoutables que la hache d'abordage, plus perfides que les poignards malais; les gamins, les titis à la mise simple et négligée, parmi lesquels crie d'une voix  de mirliton la gentille Pochardinette, au nom trop historique.

Célébrerai-je la tribu des excentriques, les amours à nez de carton, les Turcs du Théâtre-Italien, et les ducs de Wellington en habit rouge, avec des nez faits exprès?

Vive Musard ! Cette foule enthousiasmée n'a plus qu'un cri, qu'un nom et qu'une voix.

Enfin, voici le dieu, porté par huit dilettanti en pantalons de velours à côtes rouges. Un secret contentement éclate sur son visage ravagé, mais ne chasse pas entièrement un nuage de tristesse, quelque chose comme une ironie philosophique : « Je sais ce que c'est que la gloire du » triomphe. »

Peut-être aussi le dieu craint-il que ses fanatiques adorateurs ne le laissent tomber. Après le Capitole, la Roche-Tarpéienne.

Or, un samedi, vers le milieu du bal, l'apothéose de Musard avait un aspect solennel et grandiose ; l'orchestre battait une marche infernale, et le gaz non comprimé jetait d'immenses éclairs.

— Au foyer ! au foyer ! criait-on de toutes parts.

Braves pierrots ! excellens cœurs ! ils voulaient montrer le Maître aux pékins du foyer, et leur inculquer les bons principes de la vertu chorégraphique, par la communication du saint enthousiasme qui dévorait leurs cœurs.

Cruelle erreur! fatal délire! Au moment où le triomphateur, vivement ému, touchait au septième ciel, je veux dire au couloir des premières, un faux mouvement rompit l'équilibre du plus solide des porteurs, *l'essieu cric et se rompt,* Musard tombe!

Popularité, voilà de tes coups!

Ainsi, au milieu de sa gloire, une chute soudaine avait précipité le Napoléon du quadrille et l'avait jeté sur le plancher, qui fut son Saint-Hélène.

Il y eut un moment de stupeur. Et l'on se mit à chercher les morceaux de Musard. Bien lui

avait pris de n'être pas de verre. On put le remettre sur ses pieds sans trop de dommage, et on le reconduisit à son poste avec de nouvelles acclamations.

Mais le pauvre Musard eut peine à se remettre des émotions de son triomphe, et le souvenir de sa chute lui rappelait ces belles paroles de l'insulteur romain : « Souviens-toi que tu n'es qu'un » homme ! »

Biographie de Musard.

KREISLER et le chat Murr ont laissé leurs mémoires. Mais qui nous fera la biographie de Musard? Pour moi, je n'en sais pas le premier mot. Tout ce que je puis vous dire, sous ma responsabilité, c'est que Musard est un homme triste.

On m'assure, — prenez cela, si vous voulez, pour une légende à la façon de maître Kreisler, — on m'assure que Musard, le grand musicien, souffre horriblement de sa popularité de faiseur de quadrilles. Il a composé un grand nombre de morceaux de musique sérieuse, qu'il a scellés d'un triple cachet, et qui ne seront publiés qu'à sa mort.

Laissez-moi croire que c'est vrai, car je devine, sous cette préoccupation funèbre, la vie tout entière d'un grand artiste méconnu.

On dit que le célèbre pianiste Kalkbrenner va souvent au bal de l'Opéra rien que pour voir Musard conduire la grande mêlée. On me dit aussi que Musard en est fier, et que, cette nuit-là, on le voit rire.

Géographie.

ɴ divise le bal de l'Opéra en quatre parties, exactement comme le monde, avant que des novateurs n'eussent inventé l'Océanie.

Ces quatre parties sont :

La salle, le foyer, les loges et les couloirs.

Le Foyer.

Le Foyer, ainsi nommé parce qu'il devrait y avoir du feu, est un parallélogramme ter-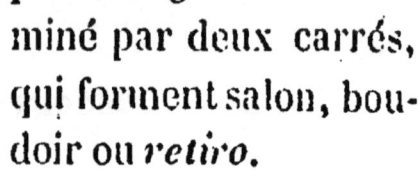miné par deux carrés, qui forment salon, boudoir ou *retiro*.

L'habit noir y est à peu près de rigueur, et les déguisemens n'y sont point admis. Un certain nombre de débardeurs et de Pierrots se pressent aux issues et contemplent d'un œil mélancolique le sanctuaire que leur ferment des huissiers à chaîne d'argent.

Je ne vous cacherai pas que le foyer est en voie de décadence. L'intrigue seule le rendait intéressant. L'intrigue se meurt, l'intrigue est morte. Par ce temps de libertés constitutionnelles et de presse périodique, chacun sait si bien à quoi s'en tenir sur le compte de son voisin, qui, à son tour, possède des secrets du même genre, que les révélations, sans être piquantes, pourraient devenir périlleuses.

Si vous dites à un homme connu :

—Ta femme te trompe.

—Parbleu ! répondra-t-il, tu as lu cela dans les petits journaux. Tout le monde le sait, et moi aussi.

O femme rieuse et bavarde, ne contez pas mystérieusement à ce jeune poëte à la barbe blonde qu'il a déjeuné le matin d'un petit pain et d'un œuf dur ; il vous prendrait pour sa portière. Quelle injure ! Vous ne vous disculperiez qu'en avouant que vous êtes sa femme de ménage.

C'est au foyer que se tient encore le petit nombre de journalistes qui suivent assidûment les bals de l'Opéra. L'un d'eux y fit ce mot remarquable à un garde municipal, qui lui disait :

—On ne sort pas par ici.

—Allons donc ! j'ai mes entrées.

Le garde le laissa sortir.

L'Horloge.

L'horloge du foyer est célèbre ; et c'est un gai spectacle que d'observer, vers trois heures du

matin, les figures attristées et penaudes des amans oubliés.

M. Roqueplan a fait transporter dans le petit salon de gauche ce meuble vénérable, confident discret de tant de joies et de tant de dépits amoureux.

Les Couloirs.

Un seul couloir mérite d'être nommé, c'est celui des premières, sur lequel s'ouvrent les trois grandes portes du foyer.

Le couloir des premières s'est appelé et s'appelle peut être encore la fosse aux lions.

La fine fleur de la jeunesse dorée, la crème de la gentilhommerie vient faire admirer là sa tenue ou sa grâce. Malheureusement, le langage de ces messieurs a cela de commun avec le latin, que dans les mots il brave l'honnêteté. Il nous est impossible de transcrire la plus innocente des conversations que nous avons surprises.

Entre les portes du foyer, une sorte de tambour en saillie fait un siége commode à quelques élus de la fashion. Cela s'appelle le bahut. La place est assez commode, parce qu'on peut correspondre avec les promeneurs du couloir à jour des secondes.

Si l'intrigue existe encore quelque part, c'est là qu'elle s'est réfugiée.

Hyacinthe.

M. Hyacinthe, du Palais - Royal, M. Cachardy, des Variétés, et M. Milon Thibaudeau, ex-pensionnaire de l'Odéon, et du Théâtre-Français, font admirer dans la fosse aux lions leurs grâces un peu minaudières.

M. Thibaudeau attend, négligemment adossé

contre un pilier, qu'une bonne fortune lui tombe toute rôtie.

La Salle.

oyez ! le démon de la danse y règne sans partage ; ne songez pas à vous promener ou à vous arrêter, à parler ni à vous taire au milieu de ce trémoussement général. Si vous marchez, vous vous heurterez à des barrières de pierrots, à des barricades de débardeurs. Si vous ne bougez, vous recevrez à la fois dans l'œil le bout du pied d'un danseur phénomène, et dans le dos le talon d'un chorégraphe distrait.

Vous ne pouvez pas vous taire, parce que vous serez eng.... écrirai-je ce mot déshonnête? Je me sauve par un synonyme. A la chambre on dit: *interpeller*, et quand on est... interpellé, on s'empêche difficilement de répondre. Mais, si vous répondez, c'est bien comme si vous chantiez, l'orchestre de Musard gronde comme une batterie de quatre-vingts canons. Est-ce qu'on parlait sous les redoutes de Smolensk?

Donc, place aux chicards, aux balochards, aux *Covages civilisés*, aux débardeurs Régence, aux paillasses Pompadours, aux généraux américains, aux chevaliers troubadour-abricot, aux dominos philosophes, aux Romains de Daumier et aux Turcs marchands de dattes qui représentent la partie *travestie* du bal de l'Opéra.

Les quadrilles s'étendent en longue file, serrés

comme des harengs dans une barrique. Ne cherchez ni danses, ni grâce, ni rien du tout. Ce sont des sauts, des bonds, des cris, des trépignemens, des mouvemens d'ours en goguette; tout est permis, l'Opéra est si grand et le sergent de ville est si loin! On voit un pied de ci, une tête de là, un bras de là, sans qu'on puisse raisonnablement deviner où se tient le propriétaire de ces membres. L'espace est restreint, et les gestes sont grands; cependant tout cela s'amuse; ces corps rentrent les uns dans les autres, comme les étuis d'une lorgnette. C'est une mêlée terrible, infernale; les visages sont rouges, les poitrines haletantes; une poussière fine et pénétrante s'élève jusqu'au cintre et se dore aux feux de cinquante lustres; on dirait une atmosphère de poudre d'or.

Près de l'orchestre se tiennent les célébrités

dansantes, despotes impérieux qui contraignent Musard à faire leur quatre volontés. Ici, c'est Marionnette, folle de la danse comme une Willi, malgré son embonpoint croissant; là, c'est Frisette, plus loin Lucia. Depuis deux ans ces dames ont abjuré le comme il faut du domino noir, pour revêtir des costumes plus simples et plus analogues à leurs goûts. Les plus vêtues portent une chemise sans manches, et un pantalon de satin ou de velours, qui refuse obstinément d'atteindre leur cheville.

Ces nourrissons si bien nourris et ces débardeurs si peu vêtus se donnent au plaisir avec d'autant moins de scrupule que le boudoir est près du confessionnal; ce n'est pas pour rien que Notre-Dame-de-Lorette a été bâtie à quarante pas de l'Opéra.

Le monde galant pleure la célèbre Mogador, qui n'est pas morte ainsi que l'avaient étourdiment avancé les imprudens rédacteurs du *Constitutionnel*, mais qui est tout simplement retirée dans ses terres, de vraies terres à elle; juste lot pour une pécheresse, qui sans doute n'aura pas le ciel.

Dans toute cette foule, on rencontre parfois des gens spirituels, sinon par leurs propos, du moins par leur accoutrement. J'en ai connu qui se déguisaient en académicien, habit à la française llustré de palmes vertes, vaste perruque à trois marteaux, et sous le bras gauche une petite lyre dont les cordes sont des ficelles.

Cette année, on a vu apparaître deux jeunes gens, travestis en chats amoureux. Ils étaient couverts d'une épaisse fourrure, masqués en museau de chat et couronnés de roses; ils poussèrent la couleur locale jusqu'à miauler toute la nuit.

Voici la plus forte excentricité de costume dont j'aie gardé le souvenir. Un inconnu, qu'on dit bien placé dans le monde parlementaire, s'était déguisé en armoire ; il avait ajouté au bas de son dos une sorte de boîte en carton. Rien n'y manquait, la serrure ni la clef. Un plaisant se glissa derrière l'armoire vivante, il tourna la clef, ouvrit et referma tout

à coup avec précipitation. Qu'avait-il vu ? je ne sais ; mais les sergens de ville transférèrent l'armoire au violon.

L'homme se défendit bien.

— Monsieur le commissaire, dit-il, je n'ai point transgressé les lois; cette armoire est mon unique vêtement, mais elle était fermée.

On le mit en liberté, à la condition expresse de ne plus laisser la clef sur la porte.

Ruses de femme.

AXIOMES.

I. L'homme est un goujon qu'il faut pêcher le plus spirituellement possible.

II. Quand le pêcheur est joli, il peut se passer d'hameçon.

III. Il est bien entendu que ce pêcheur est une pécheresse.

IV. Elle ne se repent jamais, si ce n'est de n'avoir point péché.

Pareilles à ces bourgeois acharnés qui vont jeter leur ligne à l'extrémité des trains de bois et qui se retirent satisfaits s'ils ont accroché quelque chose, n'importe quoi, une ablette, un bouchon de liège ou une semelle de botte, les pécheresses du bal de l'Opéra acceptent tout, depuis le coupé aux chevaux fringans, depuis les belles parures de Detouche, les ravissans coffrets de Tahan, ces merveilles qui font la joie des petites-maîtresses, ou les magnifiques éventails pour lesquels Duvelleroy a surpassé l'art de Watteau, jusqu'à la simple orange glacée, jusqu'à la vulgaire carafe d'orgeat.

Voici, à quelques variantes près, le tarif de ces diverses galanteries.

Le coupé, six cents francs par mois ; avec les épingles et le mobilier assorti, quinze cents francs (très-rare).

Le souper à la Maison d'Or, truffes et madère compris, quatre louis.

La carafe d'orgeat ne coûte jamais qu'un franc. C'est un hors-d'œuvre.

Il n'est ruse, ni intrigue, ni mines souterraines

que les femmes ne mettent en œuvre pour conquérir l'un des objets ci-dessus mentionnés.

Voici une petite comédie de leur façon.

M. Arthur, masqué et enfariné, se promène et cherche fortune. Passent deux femmes dont le petit museau rose est soigneusement masqué. L'une d'elles fait un cri en apercevant Arthur.

— C'est lui! murmure-t-elle.

M. Arthur prend un air aimable.

— Tu me connais? dit-il en s'approchant.

— Oui, tu t'appelles Arthur, tu demeures rue Laffitte.

— C'est vrai ; et qui es-tu toi?

— Indiscret !

M. Arthur, tout affriolé, supplie l'inconnue de rompre un peu la sévérité de son incognito.

— Oh! j'aurais bien des choses à te dire! Mais je ne suis pas seule! dit-elle tout bas, en montrant sa compagne. Et je ne puis parler devant une amie.

— Quitte-la.

— C'est impossible ! Elle se douterait de quelque chose !

— Il faudrait la renvoyer adroitement.

— Eh ! oui, reprend l'inconnue après un instant de réflexion, prie-la d'aller au buffet nous acheter des bonbons.

M. Arthur remet à l'amie cinq francs ou un

louis, selon sa fortune ; l'amie s'éloigne et ne revient jamais. Quant à l'inconnue, elle se débarrasse d'Arthur comme elle peut, et va partager avec sa compagne, ou plutôt sa complice, le produit de cette petite expédition.

La comédie que je viens d'analyser a atteint sa millième représentation, et elle obtient encore beaucoup de succès.

Les boîtes de pastilles, les sucres de pomme et les bouquets donnent lieu à un commerce singulièrement productif, attendu que les gens du buffet et la bouquetière du foyer rachètent ces divers objets aux dames qui désirent s'en défaire. Il y a des bohémiennes qui se font donner dans une nuit jusqu'à six bâtons de sucre de pomme et dix bouquets, elles les revendent à cinquante pour cent du prix d'achat, ce qui ne laisse pas que de leur procurer d'assez jolis bénéfices.

Le bouquet coûte cinq francs à M. Arthur, et Mlle Fischtaminel le revend cinquante sous.

La fin du Bal.

Vers cinq heures du matin, les groupes s'éclaircissent; les masques tombent et découvrent des visages pâles, violets et marbrés. La danse acquiert un redoublement d'énergie fébrile; c'est la lumière qui brille davantage au moment de s'éteindre.

Tout le monde se retrouve ou s'appareille, et en moins d'une heure, les restaurans des environs sont envahis. Le flot descend même jusqu'à la rue Montorgueil.

Les plus pressés s'arrêtent au café Vachette, au café Anglais, à la Maison d'Or, au café Cardinal, chez Paolo Broggi, Roblot ou tout autre cuisinier des environs.

Le café Vachette est le plus amusant de tous ces endroits là, et on y est plus libre qu'ailleurs. On crie, on chante, on saute, on danse encore, on jette sa serviette au nez du garçon et le garçon au nez de ses amis, tout se bouscule, une table vole dans la glace, une pile d'assiettes roule sous la table où elle rejoint plusieurs soupeurs. Mais qu'importe !

Ce tumulte fait la joie du bon M. Aubry, successeur de Vachette ; il protège les casseurs, qui lui renouvellent sa vaisselle et sa verrerie sans qu'il lui en coûte rien, au contraire.

A onze heures tout ce monde est couché,

ronfle et rêve qu'il recommencera le lendemain.

Quant à l'enseignement moral qu'on en peut

M. Aubry.

nduire, nous ne le savons guère. *Scribitur ad narrandum, non probandum,* c'est Tacite qui l'a dit.

FIN.

www.ingramcontent.com/pod-product-compliance
Lightning Source LLC
LaVergne TN
LVHW051510090426
835512LV00010B/2448